"Es muy apropiado que una obra ⟨...⟩ cuya vida y ministerio son una ⟨...⟩ un llamado alentador, retador y resonante para que el resto de nosotros sigamos adelante!".

Alistair Begg, pastor principal de Parkside Church, Chagrin Falls, Ohio

"Preciso y sincero, directo y consolador, claro y sencillo, MacArthur ha producido un retrato en palabras. Igual que Pablo refleja a Cristo, así debería ser el ministro fiel. Sin querer, MacArthur ha escrito aquí su propia autobiografía".

Mark Dever, pastor de Capitol Hill Baptist Church, Washington, DC; presidente de 9Marks

"*Permaneciendo fiel en el ministerio* es a la vez tan vigorizante como una ducha fría temprano en la mañana, y tan emocionante como la perspectiva de un día glorioso de aventura. Si este libro no te motiva a ser un siervo más fiel de Cristo, ten cuidado".

Sinclair B. Ferguson, profesor de teología sistemática en el Reformed Theological Seminary y miembro docente de Ligonier Ministries

"Aquí tienes un recordatorio invaluable de las verdades esenciales necesarias para permanecer a largo plazo en el ministerio del evangelio".

Steven J. Lawson, presidente de OnePassion Ministries; profesor de predicación en The Master's Seminary, miembro docente de Ligonier Ministries y autor de *El momento de la verdad.*

"John MacArthur nos ayuda a ver en el ministerio del apóstol Pablo que, en medio de las tempestades de la vida ministerial, no existe nada más crucial que estar bien cimentado en roca sólida".

Conrad Mbewe, pastor de Kabwata Baptist Church; rector de African Christian University, Lusaka, Zambia; autor de *Pastoral Preaching*

"Este es un tesoro de sabiduría para pastores y un libro que animará a todos los ministros verdaderos del evangelio. Cada pastor —y futuro pastor— debería leer este libro, y todo ministro fiel lo apreciará mucho".

R. Albert Mohler Jr., presidente del Southern Baptist Theological Seminary. Louisville, Kentucky, y autor de *Proclame la verdad* y *La oración que revoluciona al mundo.*

"La visión de John MacArthur sacada de las Escrituras y plasmada en estas páginas proporciona un mensaje que seguimos necesitando en este lado del cielo".

Iain H. Murray, autor de *Spurgeon y sus controversias;* fundador de Trustee, Banner of Truth Trust

"Este libro es bíblicamente sólido, bien escrito, fácil de leer, profundo, atractivo, inspirador, breve y basado en el legado fiel del apóstol Pablo. Si empiezas a leerlo, no te detendrás hasta terminarlo".

Miguel Núñez, pastor principal de la Iglesia Bautista Internacional, Santo Domingo, República Dominicana; fundador y presidente de Ministerios Integridad y Sabiduría

"Para ancianos, estudiantes de seminario y pastores de todas las edades, este es un libro para todos aquellos que están bíblicamente calificados para apacentar el rebaño de Dios y proclamar la Palabra de Dios a tiempo y fuera de tiempo solo para la gloria de Dios".

Burk Parsons, pastor principal de St. Andrew's Chapel, Sanford, Florida; editor de la revista *Tabletalk*

"He aquí la sorprendente y contracultural sabiduría paulina que todo pastor debe tomar en cuenta si es que quiere vencer en las pruebas y florecer".

Michael Reeves, presidente y profesor de teología en Union School of Theology

"El medio siglo de ministerio de John MacArthur en Grace Community Church brinda suficiente garantía para titular este último libro *Permaneciendo fiel en el ministerio*. Se trata de un toque de trompeta para que los pastores permanezcan fieles hasta el final, de alguien cuya vida es una demostración de un ministro fiel".

Derek W. H. Thomas, pastor principal de First Presbyterian Church, Columbia, South Carolina; profesor de teología sistemática y pastoral en el Reformed Theological Seminary; autor de *Strength for the Weary*

"En estas páginas, el ministro de Cristo encontrará auténtico estímulo y fortaleza de las Escrituras para poder cumplir sin titubear el llamado de Dios. Hay más verdad bíblica en este pequeño libro que en la mayoría de volúmenes diez veces su tamaño".

Paul David Washer, director de HeartCry Missionary Society; autor de la serie Recuperemos el evangelio; *El Evangelio de Cristo Jesús; De parte de Dios y delante de Dios; El evangelio según Dios*

Permaneciendo fiel
en el ministerio

Libros de John MacArthur publicados por Portavoz

Comentario MacArthur del Nuevo Testamento

Permaneciendo fiel en el ministerio

Nueve convicciones esenciales para cada pastor

John MacArthur

EDITORIAL
PORTAVOZ

Título del original: *Remaining Faithful in Ministry: 9 Essential Convictions for Every Pastor*, © 2019 por John MacArthur, Jr. y publicado por Crossway, un ministerio editorial de Good News Publishers, Wheaton, Illinois 60187. Todos los derechos reservados.

Edición en castellano: *Permaneciendo fiel en el ministerio* © 2019 por Editorial Portavoz, filial de Kregel Inc., Grand Rapids, Michigan 49505. Traducido con permiso. Todos los derechos reservados.

Traducción: Ricardo Acosta

EDITORIAL PORTAVOZ
2450 Oak Industrial Drive NE
Grand Rapids, MI 49505 USA
Visítenos en: www.portavoz.com

ISBN 978-0-8254-5889-7 (rústica)
ISBN 978-0-8254-6787-5 (Kindle)
ISBN 978-0-8254-7609-9 (epub)

1 2 3 4 5 edición / año 28 27 26 25 24 23 22 21 20 19

Impreso en los Estados Unidos de América
Printed in the United States of America

Contenido

La
obra
de la
Palabra

2 TIMOTEO 4:2

Introducción

Cuatro generaciones sucesivas de mis antepasados inmediatos incluyeron hombres que sirvieron fielmente al Señor como pastores. Dos de ellos (mi padre y abuelo) aún vivían y estaban comprometidos en el ministerio a tiempo completo cuando yo nací, y su constante dedicación en servir a Cristo tuvo un efecto perdurable en mí.

Mi abuelo murió de cáncer cuando yo aún era niño. Recuerdo vívidamente que, antes que la enfermedad le impidiera ya predicar, él había preparado un sermón titulado "Registros celestiales". Lo único que lamentaba mientas yacía en su lecho de muerte era que no iba a tener la oportunidad de predicar ese último sermón. Papá mandó imprimir copias del manuscrito y las distribuyó en el funeral. Así que mi abuelo predicó *desde* el cielo un sermón acerca del cielo.

Mi padre sirvió fielmente al Señor hasta que murió a los noventa y un años de edad. Lo observé y aprendí de él a lo largo de los años; llevó literalmente una vida de ministerio fiel y me transmitió un rico legado de ministerio consagrado. Su influencia en mí es inmensa.

Cuando me inscribí en el seminario siendo joven, papá me presentó al doctor Charles Lee Feinberg, quien en ese momento era la autoridad evangélica principal en hebreo, historia judía y estudios del Antiguo Testamento. El doctor Feinberg creció como judío ortodoxo y lo educaron para ser rabino antes de convertirse a Cristo. Tenía un doctorado en arqueología y lenguas semíticas. Amaba las Escrituras y se interesó especialmente en mi persona. Su enseñanza y estímulo fueron invaluables para mí durante esos años en el seminario.

Así que fui muy bendecido con varios mentores cercanos y altamente calificados que me ayudaron a prepararme para el ministerio. Estoy en deuda con todos ellos y profundamente agradecido por todo lo que me enseñaron.

Pero cuando la gente pregunta quién ha sido mi mayor influencia y modelo en el ministerio pastoral, tengo que reconocer que es el apóstol Pablo. Durante mis primeros años en el ministerio me cautivó el poder de su ejemplo. Siempre me he visto como una especie de versión moderna de Timoteo, intentando dar lo mejor (aunque a menudo frustrado por mis propios fracasos) para aprender de Pablo y emularlo… especialmente su valor, fidelidad, profundo amor por Cristo y disposición de soportar en soledad.

De todas las palabras que Pablo nos dejó bajo la inspiración del Espíritu Santo para que las consideremos, el texto que ha causado la impresión más indeleble en mi corazón es 2 Timoteo 4:6-8, la última declaración de fe registrada del apóstol antes de entregar su vida por causa del evangelio. Justo después de animar a Timoteo con las palabras "cumple tu ministerio" (v. 5), Pablo escribe:

> Yo ya estoy para ser sacrificado, y el tiempo de mi partida está cercano. He peleado la buena batalla, he acabado la carrera, he guardado la fe. Por lo demás, me está guardada la corona de justicia, la cual me dará el Señor, juez justo, en aquel día; y no sólo a mí, sino también a todos los que aman su venida.

Llegar al final de la vida y poder decir todas esas cosas con tanta seguridad es excepcional. En el caso de Pablo, es especialmente extraordinario. Esto es más un regocijo que una elegía. Pero viene de la pluma de un apóstol cuyo total desdén por jactarse era bien conocido. El constante rechazo de Pablo a exaltarse es evidente en todas sus epístolas. Por eso, esta declaración final de triunfo debe leerse como una expresión de profunda gratitud, paz permanente y gran alivio.

No es de extrañar. Tal vez ningún otro ministro ha enfrentado tantas dificultades, oposición tan grande o sufrimiento tan implacable como el apóstol Pablo. Sin embargo, él siguió a Cristo con fidelidad inquebrantable hasta el último momento. He aquí el modo en que resumió su experiencia ministerial. Pablo afirma que sirvió al Señor:

> en trabajos más abundante; en azotes sin número; en cárceles más; en peligros de muerte muchas veces. De los judíos cinco veces he recibido cuarenta azotes menos uno. Tres veces he sido azotado con varas; una vez apedreado; tres veces he padecido naufragio; una noche y un día he estado como náufrago en alta mar; en caminos muchas veces; en peligros de ríos, peligros de ladrones, peligros de los de mi nación, peligros de los gentiles, peligros en la ciudad, peligros en el desierto, peligros en el mar, peligros entre falsos hermanos; en trabajo y fatiga, en muchos desvelos, en hambre y sed, en muchos ayunos, en frío y en desnudez; y además de otras cosas, lo que sobre mí se agolpa cada día, la preocupación por todas las iglesias (2 Co. 11:23-28).

A pesar de todas esas dificultades, Pablo seguía dedicado a Cristo cuando exhaló su último aliento. Asombra que cuando acabó "la carrera" no hubiera multitudes terrenales que le celebraran el triunfo. Nadie le concedió un trofeo. Nadie lo aclamó ni le reconoció sus logros.

También es notable que cuando comenzó a escribir sus últimas palabras registradas, su segunda epístola a Timoteo, Pablo no parecía triunfante en absoluto. Desde una perspectiva humana, se puede apreciar una soledad generalizada en ese último capítulo de la epístola final del apóstol. El mundo ingrato estaba a punto de decapitarlo. La vida del apóstol iba a terminar en forma ignominiosa. Este hombre incansable que escribió una parte importante del Nuevo Testamento también había plantado más de una docena de iglesias estratégicas y había preparado a muchos otros pastores, evangelistas y misioneros. Personalmente había llevado el evangelio a multitudes a través de la región mediterránea: desde Jerusalén y Antioquía hasta Roma. Pero Pablo ahora iba a morir prácticamente solo. Según todas las apariencias terrenales, este era un final trágico para una vida decepcionante.

No obstante, Pablo mismo tenía una perspectiva mejor y más celestial. No estaba frustrado ni desilusionado. Justo antes de entregar su vida por el evangelio, el apóstol escribió esta última epístola inspirada a Timoteo, el protegido a quien le entregaría la batuta. El tono de su instrucción y consejo sugiere que, a medida que se acercaba la muerte de Pablo, su hijo espiritual Timoteo podría haber estado totalmente desanimado… quizás incluso a punto de abandonar el ministerio.

Pablo enfrenta directamente los hechos, sin miedo ni lamentos. No minimiza ni pretende disimular el hecho de que muchos de sus antiguos compañeros de trabajo y discípulos ya lo habían abandonado, e incluso se mantenían a distancia quienes se hallaban espiritualmente alineados con él. El apóstol prácticamente comenzó esa epístola final a Timoteo escribiendo: "Ya sabes esto, que me abandonaron todos los que están en Asia" (2 Ti. 1:15). Luego, en el último capítulo agregó estos detalles:

> Demas me ha desamparado, amando este mundo, y se ha ido a Tesalónica. Crescente fue a Galacia, y Tito a Dalmacia. Sólo Lucas está conmigo. Toma a Marcos y tráele contigo, porque me es útil para el ministerio. A Tíquico lo envié a Éfeso. Trae, cuando vengas, el capote que dejé en Troas en casa de Carpo, y los libros, mayormente los pergaminos. Alejandro el calderero me ha causado muchos males; el Señor le pague conforme a sus hechos. Guárdate tú también de él, pues en gran manera se ha opuesto a nuestras palabras. En mi primera defensa ninguno estuvo a mi lado, sino que todos me desampararon; no les sea tomado en cuenta (4:10-16).

Lo que me sorprende es que Pablo no estaba frustrado ni amargado por toda esa adversidad. Es más, veía sus circunstancias como una ocasión para dar gloria a Dios. Sus palabras siguientes fueron: "Pero el Señor estuvo a mi lado, y me dio fuerzas, para que por mí fuese cumplida la predicación, y que todos los gentiles oyesen. Así fui librado de la boca del león. Y el Señor me librará de toda obra mala, y me preservará para su reino celestial. A él sea gloria por los siglos de los siglos. Amén" (vv. 17-18).

Así Pablo se mantuvo fiel hasta el final. Perseveró por puro amor al Señor, por el simple gozo de obedecer, con sus esperanzas puestas firmemente en el cielo.

Tal actitud es la clave esencial para cualquiera que busque ser un ministro fiel de Cristo. Pablo expresó: "Sed imitadores de mí, así como yo de Cristo" (1 Co. 11:1; cp. 4:16). Ese es un mandato que ha pendido sobre mi corazón y conciencia durante todos los años que he estado en el ministerio.

Una pregunta en la que he reflexionado mucho es: ¿Cómo alguien hace eso? ¿Cómo puede una persona pasar por todos los reveses ministeriales que experimentó Pablo y mantenerse firme, inamovible, abundando siempre en la obra del Señor? ¿Cómo podemos cultivar esa misma clase de compromiso? ¿Cómo podemos terminar la carrera triunfalmente cuando nuestro rumbo está plagado de obstáculos que parecen insuperables ("en todo fuimos atribulados; de fuera, conflictos; de dentro, temores"), según los describe el mismo Pablo (2 Co. 7:5)?

Detalladas respuestas a estas preguntas las resume el mismo apóstol en 2 Corintios 4. Ese es el capítulo principal que deseo explorar en este pequeño libro.

Trasfondo de 2 Corintios

El apóstol Pablo escribió su segunda epístola inspirada a los Corintios durante un período en su ministerio en que tenía todos los motivos para estar desanimado. Había fundado la iglesia en Corinto y había servido allí como pastor durante dieciocho meses (Hch. 18:11). Su obra misionera lo impulsó a seguir adelante, pero él se mantuvo en contacto directo con los corintios. Su primera epístola inspirada a esa iglesia constituye un informe extenso y detallado de varios problemas que atribulaban a la congregación. Se trata de una agotadora serie de cuestiones pastorales muy difíciles, pero Pablo responde a cada tema con bondad paternal, abundante sabiduría y sencilla claridad. Pese a todo, muestra una preocupación profunda y auténtica por los corintios. El apóstol se muestra paciente, servicial y consolador, la personificación de un pastor con un gran corazón que conocía de veras a las ovejas y las amaba.

Sin embargo, cuando Pablo escribió 2 Corintios era objeto de intensos ataques en Corinto por parte de algunos propagadores de falsas doctrinas —falsos apóstoles— que habían aparecido durante la ausencia de Pablo y se habían infiltrado en la iglesia de Corinto. Esos falsos maestros hacían todo lo posible por destruir la reputación de Pablo. Con agresividad intentaban socavar la influencia del apóstol en esa iglesia. Ya que la enseñanza de estos individuos era una corrupción del evangelio, representaba una grave amenaza para la salud espiritual y el testimonio de la iglesia en Corinto. Los falsos apóstoles habían centrado su ataque personalmente en Pablo; tanto su carácter como el contenido de su enseñanza estaban bajo inclemente asalto. Por tanto, se vio obligado a defenderse, y lo hace en una forma interesante: no jactándose de sus propios logros ni tratando de enaltecerse, sino exaltando a Cristo en tal manera que puso al descubierto la hipocresía y las falsedades interesadas de los falsos maestros.

Lo esencial y básico de la defensa de Pablo se resume en 2 Corintios 4:5: "No nos predicamos a nosotros mismos, sino a Jesucristo como Señor, y a nosotros como vuestros siervos por amor de Jesús". Esa es una declaración breve del llamado y la comisión de todo verdadero ministro. El evangelio es un mensaje acerca de Cristo, quien en todo momento debe ser el enfoque singular del mensaje que proclamamos. Los falsos apóstoles y los asalariados siempre parecen encontrar una manera de cambiar la atención hacia sí mismos. Se convierten en el personaje central de toda anécdota. Se pintan como los héroes de cada historia que cuentan. Por tanto, hacen de su predicación poco más que una exhibición de sus propios egos. Los púlpitos de hoy están llenos de hombres que constantemente predican acerca de ellos mismos.

Nadie, mucho menos los corintios, podía acusar legítimamente al apóstol Pablo de hacer eso. He aquí el modo en que describió su ministerio en Corinto: "Me propuse no saber entre vosotros cosa alguna sino a Jesucristo, y a éste crucificado" (1 Co. 2:2). A pesar de que la audiencia exigía algo más, Pablo predicaba a Cristo. "Porque los judíos piden señales, y los griegos buscan sabiduría; pero nosotros predicamos a Cristo crucificado" (1:22-23). En Gálatas 6:14 afirmó: "Lejos esté de mí gloriarme, sino en la cruz de nuestro Señor Jesucristo". Esa era la perspectiva del apóstol.

Creo que cuando escribió: "No nos predicamos a nosotros mismos", es probable que Pablo tuviera en mente las palabras de Jeremías en la profecía del Antiguo Testamento acerca de los profetas que hablaban por imaginación propia: "Así ha dicho Jehová de los ejércitos: No escuchéis las palabras de los profetas que os profetizan; os alimentan con vanas esperanzas; hablan visión de su propio corazón, no de la boca de Jehová" (Jer. 23:16). Jesús mismo expresó en Juan 7:18: "El que habla por su propia cuenta, su propia gloria busca". Pablo definitivamente no buscaba su propia gloria. Al contrario, informó lo siguiente: "Predicamos a… Jesucristo como Señor, y *a nosotros como vuestros siervos* por amor de Jesús" (2 Co. 4:5).

La palabra "siervos" atenúa de algún modo la fuerza de la declaración de Pablo. No se describe como un mayordomo vestido de gala o un mesero en un restaurante elegante. La palabra que usa significa "esclavos": propiedad humana; alguien que legalmente pertenece a otro. El apóstol reconoce que ha sido comprado por un precio, y que ya no se pertenece a sí mismo (cp. 1 Co. 6:19-20). Esa convicción fue el punto de partida de toda la filosofía ministerial de Pablo.

Al dar a conocer su filosofía en 2 Corintios 4, Pablo nos brinda una respuesta detallada a la pregunta de cómo se mantuvo fiel en medio de tanta adversidad. Empieza el capítulo con esta triunfante declaración: "Por lo cual, teniendo nosotros este ministerio según la misericordia que hemos recibido, no desmayamos" (v. 1).

Notemos primero la última frase en el versículo: "No desmayamos". El versículo 16 repite exactamente las mismas palabras. Entonces, el breve testimonio que Pablo da en este capítulo está asociado con idénticas afirmaciones sobre su determinación de servir a Cristo sin desmayar.

Las traducciones al español tienden a subestimar lo que Pablo estaba diciendo. La Biblia de las Américas dice: "No desfallecemos". Las traducciones modernas típicamente declaran: "Nunca nos damos por vencidos" (o algún equivalente cercano). El verbo griego que Pablo usa (*ekkakéo*) es una combinación de dos palabras comunes. La primera es una forma de la preposición *en*, la cual indica encontrarse en un estado de reposo o rendición "en" o "en medio de" algo. La raíz principal es un sustantivo, *kakéo*, que significa "maldad" o "depravación". Por tanto, el sentido de la expresión es: "No nos rendimos a la maldad", mucho más fuerte que si él estuviera diciendo simplemente: "No nos cansamos".

En otras palabras, esto no tiene solo que ver con resistir fatiga, desánimo o cobardía. Hay una nota poderosa de desafío en el tono de Pablo. Lo que él quiere decir es: "No desertamos; nos negamos a ceder al mal en cualquier manera".

¿Qué lo motiva a hacer esa declaración en este contexto? Sutilmente, Pablo reconoce por implicación que su experiencia con los corintios tenía el potencial de llevarlo a abandonar el ministerio. Esa iglesia llena de problemas le había causado una dificultad tan profunda y un desánimo tan penetrante, que una persona con menos madurez espiritual podría haber estado tentada a tirar la toalla. Los pecados de los corintios, su superficialidad, su rebelión y su inestabilidad hacia Pablo son claramente evidentes en las dos epístolas inspiradas que les escribió. En esa iglesia había impureza moral, celos, juicios, incesto y vergonzosa profanación de la Cena del Señor. Como si esto fuera poco, las críticas que le hacían a Pablo eran descorazonadoras, y él se lo dice (12:11-14).

En 1 Corintios 16:12, el apóstol dice que instó a Apolos a llevar a Corinto un equipo de líderes calificados para tratar de resolver los problemas que allí había. Pero la iglesia en Corinto tenía tantos problemas que a Apolos no le quedaron ganas de volver allá. En resumen, esta era una iglesia que nadie quería pastorear.

Pablo, en realidad, les escribió por lo menos cuatro cartas. Dos las tenemos recogidas en el Nuevo Testamento, y las otras dos (que no forman parte del canon inspirado) se mencionan en las dos que tenemos. Por el contenido de las cartas, es evidente que cualquier cosa que se remediara por las amonestaciones de Pablo en 1 Corintios no fue suficiente, porque la iglesia rápidamente acogió a estos hacedores teológicos de maldad que tenían planeado destruir la confianza de la iglesia en Pablo. Estos falsos apóstoles autonombrados acusaron y difamaron implacablemente al apóstol verdadero.

Pablo hizo una visita a Corinto que no resultó bien. Por tanto, se alejó sintiéndose peor que antes de llegar. En ese momento les escribió una fuerte carta. Además, después de esa desastrosa visita decidió no volver a Corinto (2 Co. 2:1).

Sin embargo, cuando resultó evidente que estos falsos y peligrosos maestros ganaban una influencia dominante en la iglesia, el corazón de Pablo se quebrantó. Esta era la clase de cuestiones que podían hacer que un ministro abandonara el ministerio. Estaban criticándole severamente el carácter. Le cuestionaban sus méritos. Tal vez explotaban la controversia que tuvo con Pedro (véase Gá. 2:11). Lo calumniaban en todas las formas posibles. Decían que era poco convincente como orador. Hicieron esta acusación lo más personalmente ofensiva posible, diciendo que no solo era tosco como orador (2 Co. 11:6), sino que también su presencia personal no impresionaba a nadie (10:10). Era una experiencia deprimente trabajar con esa iglesia.

Pablo apenas disimuló su propia frustración con la iglesia en Corinto a lo largo de esta segunda epístola. Esto puede verse desde el principio en el énfasis que pone en la misericordia y el consuelo de Dios: "Bendito sea el Dios y Padre de nuestro Señor Jesucristo, Padre de misericordias y Dios de toda consolación, el cual nos consuela en todas nuestras tribulaciones" (1:3-4). En el capítulo 2 habla de tristeza. Este es el dolor de la pena... su propio dolor después de esa desastrosa visita a Corinto, y el dolor de los corintios cuando recibieron esta fuerte carta. Los capítulos 4, 6, 7, 10, 11, 12 y 13 abordan los problemas en esa congregación, especialmente la actitud rencorosa y cínica que tuvieron hacia el apóstol que se sacrificó por la iglesia que él había fundado y a quien le debían todo. He aquí un hombre que trata con una congregación obstinada y sumamente decepcionante de individuos en cuyas vidas él había vertido su propia vida y energía. Por eso, cuando Pablo enumera sus dificultades en 11:23-27 y lo acentúa diciendo: "Además de [estas] otras cosas, lo que sobre mí se agolpa cada día, la preocupación por todas las iglesias", tal declaración está cargada de significado.

No obstante, a pesar del antagonismo, la calamidad y las privaciones que enfrentó en cada fase de su ministerio, Pablo no cedió ante el mal. A pesar de los problemas con los que tuvo que tratar en cada iglesia que plantó, de la oposición que enfrentó, de todos los desalientos que lo asaltaron, de los sufrimientos que soportó, sin embargo, permaneció fiel a Cristo en todos los aspectos. De todos los personajes que encontramos en las Escrituras, aparte de Cristo mismo, Pablo es quien mejor encarna una fe infatigable, persistencia incansable y determinación firme. No existe ejemplo bíblico más dramático de devoción pura a Cristo. En 2 Corintios 4, el apóstol mismo explica los factores que contribuyeron a esta extraordinaria perseverancia.

He aquí nueve razones por las que Pablo no se desanimó. *Una:* se veía a sí mismo como un administrador de Dios, a quien se le había confiado un nuevo y mejor pacto. *Dos:* veía ese papel no solo como un gran privilegio, sino también como una gran misericordia extendida hacia él por la gracia de Dios. *Tres:* estaba decidido a mantener puro y recto su propio corazón, y entendía que la fidelidad es un elemento clave en la búsqueda de verdadera integridad. *Cuatro:* tenía una pasión determinante, es decir, su consagración a predicar la Palabra de Dios. *Cinco:* entendía que la Palabra de Dios no vuelve vacía (Is. 55:11), por lo que no le frustraban las normas humanas de éxito o fracaso. *Seis:* era un hombre humilde que no buscaba elogios ni reconocimiento, sino que iba tras la gloria de Dios a toda costa. *Siete:* sabía que Dios utiliza nuestro sufrimiento como un medio para santificarnos, y estaba deseoso de participar en la comunión de los sufrimientos de Cristo. *Ocho:* estaba familiarizado con los grandes héroes de la fe en el Antiguo Testamento, e intentaba emular su valor. Y *nueve:* Pablo tenía su corazón centrado en el cielo y en las cosas de arriba, sabiendo muy bien que los sufrimientos de este tiempo presente no son dignos de ser comparados con la gloria venidera.

Estas son nueve convicciones inquebrantables que mantuvieron fiel a Pablo. Las veremos claramente a medida que avanzamos en el texto de 2 Corintios 4. Alistémonos y dediquemos tiempo a examinar con mayor detalle cada una de esas ideas.

1

Convencido de la superioridad del nuevo pacto

En 2 Corintios 4, Pablo empieza con la declaración: "Por lo cual, teniendo nosotros este ministerio" (v. 1). La frase "por lo cual" nos remite por supuesto al capítulo anterior. Podría parecer una antigua frase trillada, pero es una regla importante a seguir: cuando ves en la Biblia la frase *por lo cual*, debes preguntar *por qué está allí*. En este caso, une lo que Pablo está a punto decir con el tema que analizaba en el capítulo 3. Este capítulo es una comparación detallada y también un contraste entre el antiguo y el nuevo pacto.

El inicio del nuevo pacto (que indica la terminación del antiguo pacto) no representó un cambio sin importancia que Pablo observara con interés académico como alguien ajeno al tema. Significó un cambio radical que alteró por completo su plan de vida e hizo añicos su visión del mundo. Pablo era hebreo de hebreos de una línea de fariseos que pertenecían a la más noble de las doce tribus judías. Fue criado desde el nacimiento para ser celoso de la ley. Se había dedicado a la tradición farisaica. Era tan escrupuloso con relación a las ceremonias y características externas de la ley, que parecía absolutamente inmaculado ante quien observara la vida que él llevaba. Esa es la esencia de su testimonio personal en Filipenses 3:4-6. (El apóstol dio un testimonio similar al rey Agripa en Hch. 26:4-5, hablando de la meticulosidad de su legalismo y su adherencia estricta a las exigencias del antiguo pacto).

Pero cuando Pablo fue derribado por el mismo Señor Jesús en el camino a Damasco, todo cambió. La historia de la conversión del apóstol (una versión que presenta los detalles históricos pertinentes) se narra en Hechos 9, y Lucas relata, además, cómo el mismo Pablo volvió a contar la historia dos veces más, en Hechos 22:3-21 y 26:12-23. El testimonio que ofrece en Filipenses 3 omite los detalles históricos a fin de resaltar las repercusiones espirituales de largo alcance de su nuevo nacimiento. Allí declara en lenguaje gráfico cuán profundamente cambiaron su manera de pensar y su estilo de vida en la conversión. En esencia, Pablo asegura que, cuando Cristo lo tomó ese día, se dio cuenta de pronto que todo su legalismo del antiguo pacto no era más valioso para él ni menos ofensivo para Dios que si intentara ofrecer un montón de estiércol sobre el altar. Pablo despertó a la verdad de Isaías 64:6:

Todos nosotros somos como suciedad, y todas nuestras justicias como trapo de inmundicia.

El sustantivo hebreo que Isaías usó habla de un trozo de tela que se ha ensuciado y manchado con una descarga corporal impura. Solo sirve para ser quemado. Esta es una imagen deliberadamente repulsiva, pero muestra cómo Dios ve todos los intentos de los pecadores por alcanzar justicia bajo la ley.

Lo que Pablo aprendió, además, es que una justicia realmente perfecta e inmaculada (la obediencia perfecta que exige la ley) es imputada a aquellos que creen en Cristo. Durante su vida terrenal Cristo cumplió toda demanda de la ley del antiguo pacto y más (Mt. 3:15). Y lo hizo todo a favor de su pueblo, "para que nosotros fuésemos hechos justicia de Dios en él" (2 Co. 5:21). Por tanto, Pablo afirma que desechó su justicia propia duramente ganada porque no era mejor que aguas residuales humanas. Declaró: *He considerado tales cosas como basura* "para ganar a Cristo, y ser hallado en él, no teniendo mi propia justicia, que es por la ley, sino la que es por la fe de Cristo, la justicia que es de Dios por la fe" (Fil. 3:8-9).

En su conversión, cada faceta de la vida de Pablo cambió radicalmente, empezando con su apego al pacto mosaico. Vio al instante que la ley condena el pecado y no puede salvar a los pecadores (Ro. 3:20; 7:9-11; Gá. 3:10). "La ley produce ira" (Ro. 4:15). Y la ley impone sentencia de muerte a todos sin excepción, porque nadie puede cumplirla. Por tanto, la ley tiene poder solo para dar muerte a los pecadores, no para redimirlos.

Lo que está diciendo no es que la ley en sí sea mala. Al contrario, "la ley a la verdad es santa, y el mandamiento santo, justo y bueno" (Ro. 7:12). Sin la ley tendríamos un entendimiento deficiente de lo que la justicia de Dios exige de nosotros (v. 7). El problema radica en el pecador, no en la ley.

No obstante, el nuevo pacto suple y perfecciona todo lo que faltaba en el antiguo pacto. Hebreos 8:6 nos dice que "ahora tanto mejor ministerio es el [de Cristo], cuanto es mediador de un mejor pacto, establecido sobre mejores promesas". Más que eso, el nuevo pacto reemplaza y elimina por completo al antiguo: "Al decir: Nuevo pacto, ha dado por viejo al primero" (v. 13).

El antiguo pacto se enuncia en centenares de mandamientos detallados y demandantes; el nuevo pacto se centra solo en Cristo y su obra consumada. Si la pieza central del antiguo pacto era la ley de Moisés (con sus rigurosas demandas ceremoniales y su inflexible sentencia de muerte), el núcleo y el alma del nuevo pacto es la promesa de vida en Cristo. Obviamente, el nuevo es "un mejor pacto" (He. 7:22).

El antiguo pacto no podía proporcionar justicia. Cristo provee para su pueblo la justicia que la ley exigía, pero que no podía suministrar. El antiguo pacto era temporal; el "cual había de perecer" (2 Co. 3:7). Pero el nuevo pacto es permanente, nunca será reemplazado. El antiguo pacto pronunciaba muerte y perdición sobre los pecadores; el nuevo pacto ofrece vida.

"La letra mata, mas el espíritu vivifica" (2 Co. 3:6). Ese es el punto clave que Pablo resalta en 2 Corintios 3, y que resalta cada uno de esos contrastes. En el versículo 7 llama al antiguo pacto "el ministerio de muerte", y en el versículo 8 al nuevo pacto lo llama "el ministerio del espíritu". El versículo 9 habla del antiguo pacto como "el ministerio de condenación", y al nuevo pacto como "el ministerio de justificación". En el versículo 11 contrasta "lo que perece" (el antiguo pacto) con "lo que permanece" (el nuevo pacto). Esa misma idea se repite en Hebreos 13:20, cuando habla del nuevo pacto como "el pacto eterno".

En resumen, el antiguo pacto no ofrecía esperanza a los pecadores. El nuevo pacto ofrece "tal esperanza [que] usamos de mucha franqueza" (2 Co. 3:12). Las ideas de franqueza, confianza, suficiencia y competencia constituyen un hilo que atraviesa el capítulo 3 (vv. 4-6, 12). Pablo nos da su respuesta a una pregunta que había formulado al final del capítulo 2: "Para estas cosas, ¿quién es suficiente?". Su respuesta, en una sola frase, es: "No que seamos competentes por nosotros mismos para pensar algo como de nosotros mismos, sino que *nuestra competencia proviene de Dios*" (3:5). Y todo este análisis del nuevo pacto en 2 Corintios 3 es, por tanto, una descripción detallada de cómo las características distintivas del nuevo pacto han hecho que los apóstoles y sus colaboradores sean competentes para el ministerio que Dios les asignó. Cada punto que Pablo señala en este contexto se aplica a todos los que en la historia de la Iglesia han predicado fielmente el evangelio, e incluye a los que Dios ha ordenado y llamado al ministerio en nuestra generación y en los años venideros.

El antiguo pacto era nublado y velado (vv. 13-14); el nuevo pacto es claro y despejado. Todos los misterios del antiguo pacto se revelan en Cristo. Eso es lo que Pablo quiere decir en el versículo 14 cuando afirma que el velo del antiguo pacto es quitado en Cristo. Hebreos 1:1-2 declara, asimismo, que la revelación definitiva y suficiente de Dios para esta época se nos ha entregado de una vez por todas en Cristo. Tal texto y su referencia cruzada representan una declaración formal de la finalidad y eternidad del nuevo pacto.

Es significativo que Pablo se refiera al nuevo pacto como "el ministerio del espíritu" (2 Co. 3:8). La venida del Espíritu Santo en Pentecostés es uno de los acontecimientos clave que señalaron la transición del antiguo pacto al nuevo. Desde luego que el Espíritu también estuvo actuando a lo largo del Antiguo Testamento, pero la profundidad total de la doctrina trinitaria simplemente no es prominente en el Antiguo Testamento. El lugar y la función del Espíritu en la Divinidad trina es una de las verdades monumentales de las que se ha quitado el velo del antiguo pacto. El Espíritu también parece tener un rol nuevo y exclusivo bajo el nuevo pacto: habitar permanentemente en cada creyente, darle poder y conformarlo constantemente a la semejanza de Cristo llevándolo de un nivel de gloria al siguiente (vv. 17-18). Por supuesto, esta es una de las anclas que sostuvo a Pablo en el conocimiento de que su competencia para la tarea del ministerio provenía de Dios.

Esto era prueba de que el Señor mismo proporcionaría suficiente gracia para cada necesidad. El Espíritu de Dios, que reside en las vidas de los creyentes, le aseguró a Pablo que incluso las pruebas y las desilusiones extremas que enfrentaría en su ministerio en última instancia simplemente lo perfeccionarían, confirmarían, fortalecerían y afirmarían (cp. 1 P. 5:10). "El Espíritu nos ayuda en nuestra debilidad" (Ro. 8:26). Ese es en realidad todo el tema y la esencia de Romanos 8.

Aquí vemos a un hombre que salió de la desesperanza del antiguo pacto e ingresó a la certidumbre y seguridad del nuevo pacto. Pablo nunca perdió su sentido de asombro cuando pensó en el nuevo pacto. Sabía de qué había sido liberado. Cada prueba que enfrentaba era eclipsada por la liberación que ya le había proporcionado la gracia soberana de Dios a través de Jesucristo. Era un honor asombroso e inmerecido para él ser llamado al servicio del Señor, y lo entendía más que nadie.

Es evidente que Pablo tenía eso en mente cuando originalmente planteó la inquietud de su propia suficiencia, pues escribió:

> A Dios gracias, el cual nos lleva siempre en triunfo en Cristo Jesús, y por medio de nosotros manifiesta en todo lugar el olor de su conocimiento. Porque para Dios somos grato olor de Cristo en los que se salvan, y en los que se pierden; a éstos ciertamente olor de muerte para muerte, y a aquéllos olor de vida para vida. Y para estas cosas, ¿quién es suficiente? (2 Co. 2:14-16).

En realidad, ningún ser humano podría echar sobre sí mismo una responsabilidad tan grande o tener esa clase de influencia perdurable. Pero Pablo es un predicador del nuevo pacto, un instrumento de Dios que tendrá influencia en la eternidad de personas, sea en el cielo o en el infierno. ¿Qué necio a quien se le da tal llamado se conformaría con algo menos que eso?

Este es un argumento poderoso para mantenernos centrados en la verdad del evangelio, proclamando todo el mensaje del evangelio, estudiando los detalles del evangelio, defendiendo las doctrinas del evangelio, meditando en las promesas del evangelio, animándonos unos a otros con los preceptos del evangelio y cantando las glorias del evangelio. Nunca debemos olvidar el gran privilegio que significa ser llamados como ministros del nuevo pacto. Esa es la clave primera y fundamental para la perseverancia constante de Pablo.

2

Convencido de que el ministerio es por la misericordia de Dios

La comprensión profundamente arraigada en Pablo de que su llamado era una expresión totalmente inmerecida de la gran misericordia de Dios hacia él era una de las convicciones fundamentales que lo mantuvieron fiel hasta el final. Pablo fue llamado y comisionado para el ministerio únicamente "por la misericordia de Dios" (2 Co. 4:1, NVI). Esto desde luego se aplica a cada persona que es llamada a servir a Cristo en el ministerio. No se trata de un privilegio que hayamos ganado. Dios no nos llama debido a alguna aptitud o habilidad que desarrollamos por nuestra cuenta. No estamos en el ministerio debido a que de alguna manera somos más justos o más dignos que otros. Es por su misericordia. Todos conocemos nuestros corazones lo suficientemente bien como para no tener confianza en nuestra propia carne. Sentimos nuestra debilidad. Estamos regularmente plagados de fallas personales. Y estoy seguro de que todos los creyentes verdaderos podrían preguntar por qué el Señor nos llamó, por qué sigue manteniéndonos en su redil. Para Pablo en particular, era increíble pensar que Cristo, a quien una vez persiguió ferozmente, le mostrara tal misericordia, incluso haciendo de este antiguo fariseo un apóstol.

Leamos las propias palabras de Pablo:

> Doy gracias al que me fortaleció, a Cristo Jesús nuestro Señor, porque me tuvo por fiel, poniéndome en el ministerio, habiendo yo sido antes blasfemo, perseguidor e injuriador; mas fui recibido a misericordia porque lo hice por ignorancia, en incredulidad. Pero la gracia de nuestro Señor fue más abundante con la fe y el amor que es en Cristo Jesús. Palabra fiel y digna de ser recibida por todos: que Cristo Jesús vino al mundo para salvar a los pecadores, de los cuales yo soy el primero. Pero por esto fui recibido a misericordia, para que Jesucristo mostrase en mí el primero toda su clemencia, para ejemplo de los que habrían de creer en él para vida eterna (1 Ti. 1:12-16).

Todo bien que nos viene es una misericordia inmerecida. Por su gran misericordia, Dios nos llama, nos prepara y nos rodea de hombres y mujeres que se nos unen para servir al Señor en compañerismo con nosotros. Este es un privilegio inmerecido, y el momento en que cualquier ministro empieza a ver su llamado de otra manera se halla en la senda del desastre.

En su antigua vida como fariseo, Pablo nunca se habría descrito como el primero de los pecadores. Consideremos otra vez el testimonio que nos brinda en Filipenses 3. Con ese contexto en mente, el apóstol refutaba a algunos falsos maestros que insistían en que los gentiles convertidos no podían ser justificados —considerados justos delante de Dios— a menos que primero se circuncidaran. En otras palabras, los falsos maestros hacían de la circuncisión el instrumento necesario de justificación, en lugar de la sola fe en

Cristo. Pablo se refiere a ellos como "perros... malos obreros... mutiladores del cuerpo" (Fil. 3:2). Al parecer eran la misma secta de engañadores del evangelio que atribulaban a las iglesias en Galacia, y que no cesaban de acosar a Pablo dondequiera que iba. Estos herejes obtenían seguidores jactándose de la manera rigurosa que observaban los puntos finos de la ley ceremonial judía, por lo que Pablo les respondió contando sus propios méritos apostólicos: "Si alguno piensa que tiene de qué confiar en la carne, yo más: circuncidado al octavo día, del linaje de Israel, de la tribu de Benjamín, hebreo de hebreos; en cuanto a la ley, fariseo; en cuanto a celo, perseguidor de la iglesia; en cuanto a la justicia que es en la ley, irreprensible" (vv. 4-6).

El apóstol estaba relatando cómo pensaba de sí mismo como fariseo, no describía su perspectiva como apóstol. Antes de su encuentro con Cristo en el camino a Damasco, Pablo se creía "irreprensible", y en realidad era maestro en el arte de la piedad externa. Pero la ley exige perfección divina (Mt. 5:48), y ni siquiera el gran Saulo de Tarso, aplicando todas sus energías y toda una vida de entrenamiento y disciplina de fariseo, daba la talla. Una vez que sus ojos fueron abiertos a la realidad de su pecado, abandonó toda razón que alguna vez creyó tener para jactarse. Contó todo como "basura" (Fil. 3:8). El sustantivo griego es *skúbalon*, que significa "estiércol". Las mismas cosas a las que una vez se sintió inclinado a jactarse fueron emblema de la más vergonzosa justicia propia, y un recordatorio de la perversa arrogancia que lo había llevado a mostrar un celo asesino contra el pueblo de Dios. Pablo realmente se veía como el primero de los pecadores y como quien menos merecía misericordia divina cuando escribió: "Porque yo soy el más pequeño de los apóstoles, que no soy digno de ser llamado apóstol, porque perseguí a la iglesia de Dios" (1 Co. 15:9).

Una profunda gratitud por la misericordia de Dios permaneció entonces en el primer plano de los pensamientos de Pablo durante el resto de su ministerio, la cual a menudo surgió en sus epístolas. Cuando escribió a la iglesia en Roma, reconoció la gran deuda que tenía con las misericordias divinas, "por la gracia que de Dios me es dada para ser ministro de Jesucristo a los gentiles, ministrando el evangelio de Dios" (Ro. 15:15-16). Casi todas las veces que mencionó su llamado habló de este como de "la gracia que me es dada" (Ro. 12:3; 1 Co. 3:10; 15:10; Gá. 1:15; 2:9).

A los efesios les escribió:

> Fui hecho ministro por el don de la gracia de Dios que me ha sido dado según la operación de su poder. A mí, que soy menos que el más pequeño de todos los santos, me fue dada esta gracia de anunciar entre los gentiles el evangelio de las inescrutables riquezas de Cristo, y de aclarar a todos cuál sea la dispensación del misterio escondido desde los siglos en Dios, que creó todas las cosas; para que la multiforme sabiduría de Dios sea ahora dada a conocer por medio de la iglesia a los principados y potestades en los lugares celestiales (Ef. 3:7-10).

Pablo tenía toda la intención de llevar el evangelio hasta el peldaño más elevado de la autoridad terrenal, directamente a la corte del César (Hch. 28:19). Más allá de eso, como dice aquí, deseaba que la sabiduría multiforme de Dios fuera conocida lo más públicamente posible, para vergüenza de todo principado y poder demoníaco. Pablo sabía muy bien que ese objetivo le costaría muy caro en cuanto a sufrimiento y persecución. Cuando los hermanos en Cesarea le suplicaron que no subiera a Jerusalén porque estaba en peligro su libertad (por no mencionar su vida), Pablo contestó: "Estoy dispuesto no sólo a ser atado, mas aun a morir en Jerusalén por el nombre del Señor Jesús" (Hch. 21:13). Al igual que los apóstoles de los que se habla en Hechos 5:41, él se alegró de ser contado como digno de sufrir deshonra por el nombre de Cristo.

Lo que le dio la capacidad para mantener esa actitud fue su plena conciencia de que estar en el ministerio era una misericordia gloriosa que él no merecía. Por eso es que incluso cuando se hallaba bajo ataque, en lugar de arremeter contra sus acusadores o pregonar sus propios logros y habilidades, él siempre simplemente reconoció la misericordia de Dios al llamarlo al ministerio.

Convencido de la necesidad de un corazón puro

Una tercera convicción inquebrantable que llevó a Pablo a permanecer fiel fue saber que debía mantener una vida santa, incluso a puertas cerradas. Los fariseos eran maestros del engaño (Mt. 23:25-28), albergaban pecados del corazón mientras exhibían cuidadosamente un exterior piadoso. Antes de su conversión, Saulo de Tarso seguramente no era una excepción. Sin embargo, como creyente repudió categóricamente todo indicio de hipocresía, por tanto, escribió: "Renunciamos a lo oculto y vergonzoso" (2 Co. 4:2).

Es evidente que sus adversarios en Corinto lo habían acusado de tener apariencia justa para encubrir una vida secreta de pecado. De hecho, al leer entre líneas en 2 Corintios, ellos al parecer habían ido tan lejos como para sugerir que Pablo usaba su posición de apóstol para sacar ventaja injusta e inmoral de las mujeres. Por ejemplo, en 10:2 menciona a "algunos que nos tienen como si anduviésemos según la carne", y afirma que estaba "dispuesto" a mostrar a tales personas cuán osado podría ser en un encuentro frente a frente cuando finalmente tuviera la oportunidad de confrontarlos y responder a las calumnias e indirectas que ellos habían propagado en sus intentos deliberados de impugnar el carácter moral del apóstol.

Decididos a difamar a Pablo, estos falsos apóstoles también lo habían acusado de estar motivado por codicia y amor al dinero. Sugerían que él era un engreído que exageraba sus logros. Por supuesto que no ofrecían pruebas con ninguna de tales acusaciones. Ninguna prueba existía; las acusaciones eran total y demostrablemente falsas. Pero, en lugar de esbozar una larga defensa contra tan frívolas acusaciones, Pablo simplemente declaró la norma moral que yacía en el fundamento de toda su filosofía ministerial: *He renunciado a todo secreto que pueda causarme vergüenza. Mi vida es un libro abierto.*

¿Era perfecto Pablo? No. En la misma etapa de su ministerio en que redactó esta epístola a los Corintios, escribió a la iglesia en Roma diciendo: "Queriendo yo hacer el bien, hallo esta ley: que el mal está en mí… ¡Miserable de mí! ¿quién me librará de este cuerpo de muerte?" (Ro. 7:21, 24). Aunque había renunciado a la hipocresía, era muy consciente de su propia condición caída. Ahí no hay ningún indicio de contradicción. Es más, la declaración en Romanos 7 afirma la de 2 Corintios 4. Pablo reconoce su miseria; no intenta esconderla. Está totalmente dispuesto a confesarla. Eso está tan lejos de la hipocresía como un antiguo fariseo jamás haya ido.

El tiempo del verbo griego traducido "renunciamos" en 2 Corintios 4:2 es *pasado gnómico*, que significa una verdad genérica sin limitar la acción al pasado, presente o futuro. Aquí se refiere a una acción permanente, persistente, continua y habitual. No es un tiempo pasado de una sola vez, como si Pablo estuviera diciendo:

"Una vez hice eso". Su renuncia a la hipocresía y los tapujos es un compromiso constante, estable y perenne. Cuando entró en su nueva vida con Cristo abandonó *permanentemente* no solo la doctrina sino también la duplicidad del fariseísmo.

Esto es en realidad un eco de algo que Pablo dijo al inicio de esta epístola. Debido a que sus adversarios lo habían acusado de ser un fanfarrón, escribió: "Nuestra gloria es esta: el testimonio de nuestra conciencia, que con sencillez y sinceridad de Dios, no con sabiduría humana, sino con la gracia de Dios, nos hemos conducido en el mundo, y mucho más con vosotros" (1:12). Este no fue un alarde carnal en absoluto (como si estuviera fanfarroneando de su conocimiento, su habilidad o sus logros). Cualquier virtud que él pudiera señalar no era atribuible a la "sabiduría" o fortaleza humana. La santificación de Pablo era totalmente por "la gracia de Dios", y allí es donde expresamente da el mérito.

Sin embargo, me intriga que lo que señaló en respuesta a las falsas acusaciones fuera el testimonio de su propia conciencia. *Pueden denunciarme todo lo que quieran; tengo la conciencia limpia. Están acusándome; pero mi conciencia no me acusa. Eso no significa que yo sea perfecto (¡Miserable de mí!), pero sí significa que no me aferro al pecado. No cultivo una vida interior de vergüenza secreta. Tengo una conciencia limpia.*

Ese es el valor de mantener un corazón puro. No importa qué te suceda; si tu conciencia está limpia, ninguna acusación se pega. La conciencia es un regalo de Dios. Es como una claraboya o una ventana, no como una lámpara. No es en sí una fuente de luz, pero cuando permanece limpia e iluminada por la luz de la Palabra de Dios, la conciencia deja pasar esa luz… incluso en un mundo de tinieblas. La conciencia es una herramienta invaluable para revelar nuestros verdaderos motivos. Una conciencia limpia y bíblicamente informada nos acusará o excusará, dependiendo de si somos culpables o inocentes.

¿Cómo mantenemos limpia la conciencia? Ganando en nuestro interior la batalla del pecado. Cuando Pablo declara: "Nos hemos conducido en el mundo con sencillez y sinceridad de Dios", describe una vida de santidad transparente. Eso requiere la humillación del pecado en el interior, empezando con los pensamientos y deseos malignos. Jesús enfatizó repetidamente esta verdad: "Del corazón salen los malos pensamientos, los homicidios, los adulterios, las fornicaciones, los hurtos, los falsos testimonios, las blasfemias. Estas cosas son las que contaminan al hombre" (Mt. 15:19-20). Una conciencia sana y bien informada sirve como señal de advertencia para alertar del surgimiento de pensamientos perversos.

Charles Wesley escribió un himno maravilloso que es una oración a Dios por una conciencia sana y eficaz:

> Quiero un principio interior
> de temor vigilante y piadoso,
> una sensibilidad del pecado,
> un dolor para sentirlo cerca.
> Ayúdame a apreciar la primera aproximación
> de orgullo o de un mal deseo;
> a fin de discernir lo errante de mi voluntad,
> extinguiendo el fuego encendido.
>
> De ti que no me pueda extraviar,
> ni más tu bondad contrariar,
> concédeme temor filial, te suplico,
> una conciencia sensible dame.
> Rauda como la niña de los ojos,

¡oh Dios, mi conciencia hazla!
Despierta mi alma cuando el pecado aceche,
y mantenme despierto.

Omnipotente Dios de verdad y amor,
impárteme por favor tu poder;
quítame la carga del alma,
la dureza del corazón.
Que al menor dolor de omisión
mi alma despierte otra vez
y me lleves nuevamente a esa gracia
que nos cura en medio del dolor.

Pablo sabía que para tener una vida pura debía mantener una conciencia limpia, y eso significaba que debía tratar con el primer indicio de pecado en su mente y corazón. Si no lo hacemos, cuando se concibe el mal deseo, este da a luz el pecado y, cuando el pecado se consuma, el resultado es la muerte (Stg. 1:15).

4

Convencido de la necesidad de predicar fielmente la Palabra

Otro principio que evitó que Pablo abandonara el ministerio fue saber que tenía ante su Maestro un deber solemne de predicar la Palabra de Dios en forma precisa y persistente, sin alterarla ni diluirla. El apóstol manifiesta: "Renunciamos a lo oculto y vergonzoso, no andando con astucia, ni adulterando la palabra de Dios, sino por la manifestación de la verdad recomendándonos a toda conciencia humana delante de Dios" (2 Co. 4:2).

La palabra "astucia" viene de la expresión griega *panourgía*. Varias versiones modernas la traducen "truco" o "engaño". El término griego incluye todos esos matices. No hay un sinónimo en español que tenga todas las mismas connotaciones. La palabra se deriva de las expresiones *pás* ("toda") y *érgon* ("obra"), lo que implica una disposición de hacer todo lo que sea necesario para servir a los propios fines. Denota a alguien que es sagaz, astuto, engañoso y ladino. Se trata de un pragmático que está dispuesto a hacer absolutamente cualquier cosa para obtener el fin que desea.

Panourgía suena parecido a *kakourgía,* una palabra que habla de criminalidad, infracción a la ley o cualquier clase de maldad deliberada. Hay un sabor similarmente negativo cuando se usa la palabra *panourgía,* y no es de extrañar. La idea de que el fin justifica los medios engendra inevitablemente una conducta sin principios y un carácter despreciable.

Justo un par de capítulos antes de este, Pablo escribió: "No somos como muchos, que medran falsificando la palabra de Dios" (2:17). El vocablo usado para "medran falsificando" se deriva de la expresión griega *kápelos,* que quiere decir "charlatanes". Pablo en esencia está diciendo: *No estoy jugando con maña con la verdad divina. No la diluyo ni la desvalorizo. No soy un charlatán que hace mercancía del evangelio.*

En 4:2, cuando Pablo expresa: "Ni adulterando la palabra de Dios", utiliza para "adulterando" un vocablo que significa "entrampar". La expresión se deriva de otra que significa "señuelo". La palabra a veces se usaba para dudosos comerciantes de vino que embaucaban a la gente a fin de que compraran vino diluido. Entonces, lo que Pablo quiere decir es que no emplea ninguna clase de artimaña para atraer almas desprevenidas a su círculo de influencia. No seduce a las personas engañándolas con falsas promesas, doctrinas diluidas, textos bíblicos tergiversados u otros artificios engañosos.

Lo que Pablo afirma aquí es totalmente opuesto a la filosofía ministerial que prevalece en muchas iglesias grandes e influyentes de hoy día. En nuestra generación parece haber en posiciones prominentes del liderazgo de iglesias un exceso de filosofías ministeriales pragmáticas e individuos utilitaristas. Harán cualquier cosa por atraer una multitud, y evitan asiduamente la franca "manifestación de la verdad". No apelan a la conciencia humana. Minimizan o (más a menudo) hacen total caso omiso a las verdades esenciales del evangelio. Su influencia ha tenido un efecto perjudicial en la salud espiritual del amplio movimiento evangélico.

Pablo estaba dejando absolutamente claro (en respuesta a lo que sus críticos decían a sus espaldas) que había renunciado a todo indicio de engaño religioso. Los estafadores y charlatanes siempre se han sentido atraídos a la religión, porque hay muchas personas en el mundo que confunden credulidad con fe. Las personas inocentes pero crédulas son particularmente susceptibles a subterfugios espirituales, y los falsos maestros codiciosos de ganancias las ven como víctimas fáciles. Sin duda, en sus días de fariseo antes de su conversión a Cristo, Pablo estuvo de alguna manera dispuesto a andar con astucia y adulterar la Palabra de Dios. Una de las cosas que Jesús condenó en los fariseos fue la habilidad con que adaptaban las Escrituras para que se ajustaran a sus propias preferencias: "Bien invalidáis el mandamiento de Dios para guardar vuestra tradición", les advirtió en Marcos 7:9.

Como apóstol, Pablo no mostraría nada de eso. Había renunciado a todo lo vergonzoso, solapado o taimado. En lugar de eso, expresa que "por la manifestación de la verdad [nos recomendamos] a toda conciencia humana delante de Dios".

"La manifestación de la verdad" se refiere a la proclamación franca, total y sin temor de todo el consejo de Dios. Eso es tristemente muy escaso en la iglesia del siglo XXI. Pablo ve esto como el único enfoque ministerial que cuenta con verdadera integridad. Los charlatanes religiosos manipulan las Escrituras con el fin de hacerlas parecer más atractivas. Las adulteran hasta obligarlas a decir algo que desearían que dijera. Las suavizan para hacerlas más aceptables. Las distorsionan para tratar de hacer que sus verdades parezcan más a tono con los valores y las creencias de la cultura secular. Juegan con la Palabra como si fuera un juguete. Hay algunos predicadores sumamente populares hoy día que hacen *todas* esas cosas, pero al final frustran el mismo propósito para el cual la verdad existe.

Romanos 2:15 indica que la esencia básica de la ley moral de Dios está escrita en cada corazón humano, y la conciencia humana da testimonio de ello. Ese es el único punto efectivo de unión que cualquier predicador del evangelio tiene con un pecador. Si tu objetivo es ganar la buena voluntad y la admiración del pecador suavizando las duras verdades del evangelio, podrías conseguir un amigo, pero no un convertido.

Pablo está diciendo: *No importa si enfrento rechazo, pruebas, penurias, dificultades, desacuerdos, asaltos, persecución, incluso lo que viene injustamente como críticas, ataques físicos o muerte, seré fiel a la verdad porque sé que esta conlleva su propia validación.* La verdad se recomienda a la conciencia humana. No tenemos que defender la Palabra de Dios, ya que esta tiene gloria propia y poder propio.

Fue Charles Hodge quien declaró: "[Pablo] sabía que la verdad tenía tal poder de autoevaluación que incluso donde era rechazada y odiada se recomendaba a la conciencia como cierta. Y aquellos ministros que son humildes y sinceros, que no son sabios en su propia opinión, sino que simplemente declaran la verdad como Dios la ha revelado, se recomiendan ellos mismos a las conciencias de los hombres".[1] Esa es una gran noticia para cualquiera que proclame el evangelio. No hemos suavizado el evangelio ni lo hemos alterado en alguna manera. Nuestro trabajo no es ganar convertidos por medio de alguna clase de manipulación. Según Pablo mismo afirma en Romanos 1:16, el evangelio "es poder

---

1. Charles Hodge, *Commentary on the Second Epistle to the Corinthians* (Nueva York: Robert Carter & Bros., 1860), p. 83.

de Dios para salvación". Ese poder no se manifiesta en nuestras recomendaciones sobre el evangelio, ni en estrategias humanas de relaciones públicas, ni en la inteligencia del predicador, ni en inteligencia cultural, sino en "la manifestación de la verdad".

También debemos recordar que somos ministros "delante de Dios", como Pablo dice al final del versículo 2. Dios está observando. No podemos eludir nuestro deber de predicar fielmente su Palabra.

5

Convencido de que los resultados le pertenecen a Dios

Demasiados pastores abandonan el enfoque paulino del ministerio porque concluyen en medio de algún problema o alguna oposición que la estrategia que Pablo usó "no funciona". Afirman cosas como: "Procuré predicar lo que dice la Palabra de Dios sin retener nada, declarando la dura verdad de la ley seguida por las buenas nuevas del evangelio, confiando en Dios que su Palabra encontraría una conexión con el pecador. Pero nuestra iglesia permaneció pequeña. Mientras tanto, había una megaiglesia en nuestra ciudad con máquinas de humo, espectáculo de luces, y sermones de actualidad con referencias a la cultura popular, con lo que atraen a miles cada domingo. Por tanto, ahora utilizamos esa misma estrategia. Decidimos dejar de tratar de hacer lo que funcionó en el primer siglo y nos pusimos al día. Le dimos una oportunidad a la estrategia de Pablo, pero simplemente no dio resultados positivos".

Recordemos, en primer lugar, que la respuesta que Pablo tuvo a su predicación a menudo fue violentamente negativa. En Listra lo apedrearon y lo dieron por muerto (Hch. 14:19). El ministerio original de Pablo en Éfeso culminó en un motín en toda la ciudad (Hch. 19:23-39). La iglesia en Corinto estaba llena de problemas. Las iglesias en Asia Menor coqueteaban con abandonar el principio de la gracia divina (Gá. 5:4).

Sin embargo, Pablo comprendió que los resultados no dependían de él, ya que declaró: "Yo planté, Apolos regó; pero el crecimiento lo ha dado Dios" (1 Co. 3:6). "Toda la Escritura es inspirada por Dios, y útil para enseñar, para redargüir, para corregir, para instruir en justicia" (2 Ti. 3:16). Cuando se declara con convicción y claridad, la Palabra de Dios *siempre* produce fruto, incluso cuando los resultados no son inmediatamente obvios. Es más, el estímulo supremo para hacer de la Palabra de Dios la atracción principal de la estrategia de nuestro ministerio se resume en una promesa que viene de la propia boca de Dios en Isaías 55:10-11:

> Como desciende de los cielos la lluvia y la nieve, y no vuelve allá, sino que riega la tierra, y la hace germinar y producir, y da semilla al que siembra, y pan al que come, así será mi palabra que sale de mi boca; no volverá a mí vacía, sino que hará lo que yo quiero, y será prosperada en aquello para que la envié.

En ocasiones, el diseño de Dios es enseñar y capacitar en justicia; a veces es reprender y corregir. El evangelio es una fragancia de vida para vida en aquellos que oyen y creen. Pero para los "muchos" que intentan recorrer el camino ancho que lleva a la destrucción, el evangelio es una fragancia de muerte para muerte (2 Co. 2:15-16). De cualquier modo, cuando proclamamos la verdad en forma íntegra, clara y fiel, hemos hecho nuestra parte. Los resultados dependen de Dios. Como Pablo declara en nuestro texto: "Si nuestro evangelio está aún encubierto, entre los que se pierden está encubierto; en los cuales el dios de este siglo cegó el entendimiento de los incrédulos, para que no les resplandezca la luz del evangelio de la gloria de Cristo, el cual es la imagen de Dios" (2 Co. 4:3-4).

Nunca es correcto adaptar el mensaje o emplear estrategias manipuladoras con el fin de conseguir una respuesta más positiva. Hacer esto sugiere que el ministro merece al menos mérito parcial por los resultados, y debo advertirte: los "resultados" de alterar el mensaje del evangelio siempre son negativos, aunque la estrategia produzca una respuesta superficialmente positiva. En nuestra generación, los "evangelios" falsos y truncados han llenado las iglesias con falsos convertidos: personas que en realidad nunca han sentido el peso de su culpa ni han conocido lo que significa poner la confianza en Jesús como Señor.

Pablo hace una declaración poderosa sobre aquellos que responden negativamente al evangelio: *Si nuestro evangelio está encubierto, hay una razón.* Cuando somos testigos o predicamos, estamos hablando a una categoría de personas identificadas por Pablo como "los que se pierden" (v. 3). Él se refiere a la misma categoría de individuos en 1 Corintios 1:18: "La palabra de la cruz es locura a los que se pierden". Aquí habla de personas espiritualmente muertas y que están espiritualmente ciegas por naturaleza (Ef. 2:1-3), y en 2 Corintios 4:4 afirma que estos individuos son doblemente ciegos porque Satanás, el dios de este mundo, les cegó el entendimiento. Están profundamente ciegos. No pueden ver "la luz del evangelio de la gloria de Cristo, el cual es la imagen de Dios".

Nada en todo el universo, ni en los cielos eternos, es más brillante que la gloria de Cristo, que es "la gloria de Dios en la faz de Jesucristo" (v. 6). Se trata de luz resplandeciente, pero los incrédulos no pueden verla. Espiritualmente son piedras muertas y por ende están totalmente ciegas. A esos es a quienes hablamos cada vez que proclamamos el evangelio a incrédulos.

Pablo nombra una segunda categoría en 1 Corintios 1:18: "A los que se salvan [el evangelio] es poder de Dios". En 2 Corintios 2:15, el apóstol nombra las dos mismas categorías ("los que se salvan... los que se pierden"). Cada individuo en toda la humanidad cae en una u otra de estas dos categorías.

¿Qué separa "a los que se salvan" de "los incrédulos" (4:4)? ¿Acaso los elegidos no fueron también incrédulos antes que el evangelio les llegara? Pablo trató a conciencia y muy claramente con esa pregunta al inicio de su primera epístola a los Corintios. Justo después de advertir que ningún ser humano debe jactarse en la presencia de Dios, el apóstol declara: "Mas por él estáis vosotros en Cristo Jesús" (1 Co. 1:29-30). En otras palabras, la gracia salvadora de Dios es lo que quita el velo de ceguera y permite "a los que se salvan" ver la gloria de Dios en la faz de Jesucristo. Por eso es que Pablo expresa: "El que se gloría, gloríese en el Señor" (v. 31). Y por eso es que dice en 2 Corintios 4:5 que "no nos predicamos a nosotros mismos, sino a Jesucristo como Señor, y a nosotros como vuestros siervos por amor de Jesús".

Como señalé al inicio, ese versículo es el eje y un resumen perfecto de la filosofía del ministerio de Pablo. Es el sello necesario de autenticidad que se encontrará en todo ministerio verdadero.

El contexto inmediato es crucial. Pablo estaba diciendo que predicaba "a Jesucristo como Señor" porque todo individuo en su estado natural caído es totalmente ciego e inconsciente, y no tiene esperanza. El evangelio ("poder de Dios para salvación") es el único medio por el cual puede disiparse la oscuridad de la muerte espiritual.

Por una parte, podríamos afirmar que la doctrina de depravación humana es la doctrina más desalentadora de la Biblia. Los incrédulos están espiritualmente muertos, sin capacidad de amar, obedecer o agradar a Dios (Ro. 8:7-8), mucho menos creer en Él por voluntad propia o por iniciativa. Pero, en otro sentido, cuando intentamos comunicar el evangelio a un mundo hostil, debería animarnos el hecho de que está fuera de nuestro alcance o nuestras habilidades despertar a pecadores muertos. Esto significa que nuestro *único* deber es ser fieles, a través de la declaración franca de la verdad del evangelio, con el fin de apelar a la conciencia de toda persona delante de Dios. Él mismo utilizará el evangelio para abrir los ojos y penetrar los corazones de aquellos a quienes está salvando. Si el evangelio es realmente el único poder que Dios usa para salvar personas, entonces los resultados de nuestro ministerio no dependen de ninguna habilidad o estrategia ingeniosa que pudiéramos aportar a la tarea.

En otras palabras, el ministro que persevera hasta el final, permaneciendo fiel a Cristo, debe estar anclado en la gran realidad de la soberana gracia salvadora de Dios. El Señor es quien despierta a los pecadores de tal estado inerte de falta de vitalidad espiritual (Ef. 2:4-10). Pablo declara de manera enfática en nuestro texto principal: "Dios, que mandó que de las tinieblas resplandeciese la luz, es el que resplandeció en nuestros corazones, para iluminación del conocimiento de la gloria de Dios en la faz de Jesucristo" (2 Co. 4:6). La *única* forma en que un incrédulo ve la luz es que Dios haga un milagro creativo para despertarle el alma. Al igual que cuando ordenó por primera vez: "Sea la luz; y fue la luz" (Gn. 1:3), Dios puede mediante su sola palabra despertar a pecadores muertos a la luz de su gloria.

Nuevamente, nuestra tarea es tan solo proclamar fielmente la

Palabra. Dios usará esto para lograr su complacencia. Si yo creyera que el destino eterno de alguien dependiera de mi habilidad como predicador, creo que permanecería mudo. El peso de esa clase de responsabilidad sería insoportable. Tampoco quiero obtener algún mérito cuando Dios usa la Palabra predicada para convertir un alma. Estoy feliz (igual que Pablo) de reconocer que toda la gloria por la salvación de almas le pertenece a Dios, porque nunca podría ministrar en la forma en que Dios me ha llamado a servir si creyera que los resultados dependen de mi habilidad o inteligencia.

Pablo se mantuvo fiel hasta el final porque sabía que los resultados de su ministerio dependían totalmente de nuestro Dios soberano. De lo contrario, la forma en que su vida y ministerio terminaron podría haber provocado desaliento extremo o incluso desesperación.

6

Convencido de su propia insignificancia

Junto con su confianza en la soberanía de Dios, Pablo se mantuvo fiel mediante una poderosa convicción de que él mismo no era nada (1 Co. 3:7; 2 Co. 12:11). No tenía una visión exaltada de sí mismo. Habló de sí como el primero de los pecadores (1 Ti. 1:15); "el más pequeño de los apóstoles, que no soy digno de ser llamado apóstol" (1 Co. 15:9); y "menos que el más pequeño de todos los santos" (Ef. 3:8). Aquí, en 2 Corintios, escribe: "Tenemos este tesoro en vasos de barro, para que la excelencia del poder sea de Dios, y no de nosotros" (4:7).

Pablo se representa como un recipiente barato que contiene un tesoro invaluable. ¿Cuál es el tesoro? El "conocimiento de la gloria de Dios en la faz de Jesucristo" (v. 6). Esa es una referencia al evangelio que le fue encomendado a Pablo y que fue llamado a predicar. Él lo veía como el tesoro de todos los tesoros, superando con creces cualquier otro tesoro… o todos los tesoros combinados. Y él mismo se veía como una vasija indigna hecha de barro. A propósito, dicha descripción se aplica no solo a Pablo mismo sino a todos nosotros a quienes Cristo ha encargado llevar el evangelio a todo el mundo. En última instancia, somos cerámicas hechas del polvo de la tierra.

Este es un sorprendente contraste: la gloria eterna de Dios en la faz de Jesucristo, revelada a pecadores a través del evangelio, transmitida al mundo a través de mensajeros débiles, imperfectos, frágiles y risibles... "vasos de barro".

Ten en cuenta que esta es parte de la respuesta de Pablo a sus críticos en Corinto, quienes dijeron que él era poco convincente, y que su "presencia corporal [era] débil, y la palabra menospreciable" (10:10). Vemos otra vez que el apóstol no intentó refutar esta clase de acusaciones. Las aceptó. No estaba avergonzado por tales críticas. Él se compara con una vasija barata hecha de arcilla cocida: frágil, reemplazable, ordinaria, grotesca, sin valor intrínseco, cuya utilidad está sujeta totalmente a la discreción de su hacedor y amo.

Pablo no estaba exagerando. Las imágenes son perfectamente aptas. Al igual que todos los seres humanos, Pablo era imperfecto, y nunca dejó de confesarlo. Además, lo que dijo de sí mismo se aplica a todos los ministros. A. T. Robertson escribió: "Si Dios no pudiera usar malos instrumentos y voces débiles, no haría música".[2] Hasta los mejores hombres son frágiles y falibles. Todos los héroes de la fe enumerados en Hebreos 11 fueron individuos con pies de barro, o mejor aún (para seguir con la metáfora de Pablo) fueron vasos hechos totalmente de barro.

Los vasos de barro son útiles solo debido a la habilidad del alfarero que los crea. Si se le deja solo, el barro se endurece hasta convertirse en un inútil terrón pedregoso. El adjetivo traducido

---

2. A. T. Robertson, *The Glory of the Ministry: Paul's Exultation in Preaching* (Londres: Revell, 1911), p. 147.

"barro" es *ostrákinos*, la palabra para terracota. El apóstol no está describiendo porcelana fina, sino una vasija de barro simple, grisácea y totalmente sin adornos.

En 2 Timoteo 2:20, Pablo declara: "En una casa grande, no solamente hay utensilios de oro y de plata, sino también de madera y de barro; y unos son para usos honrosos, y otros para usos viles". Los utensilios de barro eran las piezas más baratas y más comunes de la vajilla en el hogar: prácticamente desechables. Pero se usaban para propósitos muy diversos, algunos sublimes y otros indignos.

En la época de Pablo no era raro que las personas ricas y los reyes almacenaran su oro y otros objetos de valor en simples vasijas de barro, que luego enterraban en el suelo como un lugar seguro. Pero también una vasija de este tipo era en realidad más adecuada para un propósito menos honorable: eliminar la basura de la casa.

Algunos consideran a Tomás Moro como un santo. Sin embargo, cuando habló respecto a Martín Lutero, su lenguaje fue a menudo demasiado profano para reproducirlo aquí. Lo llamó (entre otras cosas) "pequeño fraile piojoso, trozo de caspa, bufón pestilente, mentiroso deshonesto".[3] Pero su insulto favorito fue comparar a Lutero con el hueco de una letrina. Escucha lo que dijo:

> [Lutero] no tiene en su boca más que suciedad y excremento
> de letrina, con lo cual juega al bufón más asqueroso e impuro
> de todos los bufones, a los cuales nadie, aparte de este sujeto,
> se le ha encontrado tan merecedor del desprecio de hombres
> que le lanzarían a la boca el excremento que otros individuos
> expulsarían en un cuenco… Se ha dedicado totalmente al in-
> fierno… Si se tragara su inmundicia y lamiera el excremento

---

3. Citado en Peter Ackroyd, *The Life of Thomas More* (Londres: Anchor, 1998), p. 226.

con el que ha contaminado tan vilmente su lengua y su pluma, no faltarían aquellos que, como corresponde, debatirían asuntos serios en forma sensata. Pero si él procede a jugar al bufón en la manera en que ha comenzado y a despotricar como loco, si sigue vomitando furiosas calumnias, pronunciando frívolas tonterías, actuando como un demente furioso, divirtiéndose con bufonerías, y sin llevar en la boca nada más que agua estancada, alcantarillas, letrinas y excremento, entonces dejen que otros hagan lo que les dé la gana; tomaremos el oportuno consejo, si lo deseamos… para dejar a este frailecito demente, un granuja con mentalidad de letrina, con sus furias y desvaríos, con su inmundicia y excremento.[4]

Tomás Moro se refirió en varias ocasiones a Lutero como "Padre borracho".[5]

En sus mejores momentos, Lutero (al igual que Pablo) le daría libremente la razón. En muchos sentidos era un hombre con grandes imperfecciones y muy consciente de esa realidad. Por ofensivos que pudieran ser sus adversarios, Lutero fue muy capaz de castigarse con recordatorios de su indignidad. Sabía muy bien que era una vasija hecha de tierra, pues declaró: "Todos pertenecemos a la tierra; no hay manera de evitarlo".[6]

De igual modo, Isaías expresó: "Soy un hombre de labios impuros y vivo en medio de un pueblo de labios blasfemos" (Is. 6:5, NVI). Ese a su vez es un lamento que recuerda el famoso gemido de Pablo: "¡Miserable de mí! ¿quién me librará de este cuerpo de

4. Thomas More, *The Complete Works of St. Thomas More*, vol. 5, *Responsio ad Lutherum*, ed. John M. Headley, trad. Elizabeth F. Rogers (New Haven, CT: Yale University Press, 1969), p. 683.
5. *Ibíd.*, pp. 315, 317, 351.
6. Martin Luther, *Table Talk*, vol. 54, Luther's Works, ed. Theodore G. Tappert and Helmut T. Lehmann (Filadelfia: Fortress, 1967), p. 277.

muerte?" (Ro. 7:24). En 1 Corintios 4:13, el apóstol manifestó: "Nos difaman, y rogamos; hemos venido a ser hasta ahora como la escoria del mundo, el desecho de todos". Él usa dos sustantivos griegos que hablan de heces inmundas, la suciedad que queda en el fondo de un contenedor de basura cuando se ha vaciado. Pablo ciertamente no tenía una perspectiva inflada de su propia importancia.

El poder del glorioso evangelio no tiene nada que ver con nosotros, excepto que somos los vasos de barro en los que se esconde este precioso tesoro. Somos débiles, comunes, simples, frágiles, quebradizos, deshonrosos. Pero nuestra debilidad no disminuye el poder del evangelio, que "es poder de Dios para salvación" (Ro. 1:16).

7

Convencido del beneficio de sufrir

Varios versículos en la mitad de 2 Corintios 4 están dedicados a otra convicción poderosa que mantuvo fiel a Pablo, esto es, él conocía el beneficio del sufrimiento. No solo era un vaso de barro, sino uno brutalmente maltratado que nunca ganó alguna clase de concurso de popularidad:

> Estamos atribulados en todo, mas no angustiados; en apuros, mas no desesperados; perseguidos, mas no desamparados; derribados, pero no destruidos; llevando en el cuerpo siempre por todas partes la muerte de Jesús, para que también la vida de Jesús se manifieste en nuestros cuerpos. Porque nosotros que vivimos, siempre estamos entregados a muerte por causa de Jesús, para que también la vida de Jesús se manifieste en nuestra carne mortal. De manera que la muerte actúa en nosotros, y en vosotros la vida (vv. 8-12).

Cuatro contrastes aparecen en los versículos 8 y 9. Todos ellos hablan de la determinación de Pablo de perseverar: "Atribulados…

mas no angustiados". "En apuros, mas no desesperados". "Perseguidos, mas no desamparados". Y "derribados, pero no destruidos". Los versículos 10-12 explican luego un quinto contraste: muerte y vida. A través de todo esto, Pablo enseña a los corintios: *El fruto de mi sufrimiento es beneficioso para ustedes.*

En el capítulo 12, Pablo explica a fondo el beneficio de su sufrimiento. Primero menciona el privilegio inestimable que tuvo al ser llevado al más alto cielo, "si en el cuerpo, o fuera del cuerpo, no lo sé; Dios lo sabe" (v. 3). En otras palabras, la experiencia fue tan real y vívida que él no sabía si fue transportado literalmente al cielo, o si se trató de una visión. De cualquier manera, resultó ser una experiencia incomparable. Pero después Pablo no dice casi nada al respecto. No ofrece ninguna descripción de cómo era el cielo. En cambio, añade esto: "Para que la grandeza de las revelaciones no me exaltase desmedidamente, me fue dado un aguijón en mi carne, un mensajero de Satanás que me abofetee, para que no me enaltezca sobremanera" (v. 7). Dos veces (una al principio de la frase y otra al final) asegura que esto sucedió con el fin de mantenerlo humilde.

Pablo utiliza una palabra para "aguijón" que significa algo más grande que una astilla de madera. Es la expresión que usarías para describir una estaca o varilla de tienda. No es una espina de un rosal, sino más bien algo como una rama afilada que le atravesaba la carne y le provocaba una herida dolorosa.

No es un trozo literal de madera lo que atravesó al apóstol. Esta es una metáfora que significa una pena o un problema muy doloroso y persistente. No se trata de algo simplemente irritante, sino de algo que recuerda una puñalada a su alma donde el puñal que causó el pinchazo quedó dentro de la herida. Pablo se refiere a esto como un mensajero de Satanás. Por tanto, parece que está describiendo a alguien, no a una discapacidad o enfermedad. Quienquiera que fuera esta persona, sirvió como instrumento de Satanás para atormentar a Pablo. Es muy posible que fuera el falso maestro principal que encabezó el asalto al carácter y la reputación de Pablo en Corinto. El apóstol oró tres veces para que el Señor le quitara la causa de su dolor, pero el Señor no lo hizo porque esto mantenía humilde al gran apóstol. Seguramente, una de las razones por las que los problemas acompañan siempre al ministerio es que esta es una de las principales maneras en que Dios mantiene humildes a sus ministros.

Dios le dijo a Pablo: "Bástate mi gracia; porque mi poder se perfecciona en la debilidad" (v. 9). Nuestra enfermedad nos mantiene dependientes de la gracia de Dios, y nuestras debilidades también magnifican la gracia de Dios. Jesús advirtió en Juan 15:5: "Separados de mí nada podéis hacer".

¿Cuál fue la respuesta de Pablo cuando supo que no le quitarían el aguijón? Él declaró: "Por tanto, de buena gana me gloriaré más bien en mis debilidades, para que repose sobre mí el poder de Cristo. Por lo cual, por amor a Cristo me gozo en las debilidades, en afrentas, en necesidades, en persecuciones, en angustias; porque cuando soy débil, entonces soy fuerte" (2 Co. 12:9-10).

Aquí tenemos un grupo de falsos maestros dirigidos por un líder endemoniado que destruye esta iglesia que Pablo fundó y a la cual ama. Los miembros en esta iglesia son sus propios hijos espirituales a quienes mantiene en el corazón con el afecto más profundo. Si hay pecado en medio de ellos, el apóstol siente el dolor. Si hay problemas en la iglesia, él siempre está allí para ayudar. Y le pide al Señor que quite esta prueba demoníaca que le ocasiona persistente dolor, pero el Señor dice: *No. Debes permanecer humilde, y tienes que aprender que tu fortaleza se encuentra en tu debilidad.*

Toda esa descripción del capítulo 12 irradia luz sobre el comentario de Pablo en 4:10, donde afirma que está "llevando en el cuerpo siempre por todas partes la muerte de Jesús". Todo el dolor, el sufrimiento y hasta la muerte que le vino provinieron del ardiente desprecio de sus adversarios por Cristo. Es a Cristo a quien querían hacer sufrir. Pero Cristo no estaba allí, por lo que infligieron su brutalidad sobre quien lo representaba.

Aunque ellos deseaban el mal, Dios deseaba el bien, y tenía un propósito benevolente en el sufrimiento de Pablo, "para que también la vida de Jesús se manifieste en nuestros cuerpos". El apóstol lo reitera en el siguiente versículo (4:11): "Porque nosotros que vivimos, siempre estamos entregados a muerte por causa de Jesús, para que también la vida de Jesús se manifieste en nuestra carne mortal". Vuelve a decirlo en el versículo 12: "De manera que la muerte actúa en nosotros, y en vosotros la vida". En otras palabras: *Esto es lo que ocurre; arriesgo mi vida. Padezco persecución. Soy torturado. Soy perseguido para que sea débil. Y de mi debilidad sale fortaleza espiritual que les trae vida a ustedes.*

Es por eso que los ministros deben aceptar la realidad del sufrimiento. Aquellos que *no* lo hacen tienen más probabilidades de dejar el ministerio, caer en la ladera antes de llegar a la cima, o abandonar por completo la fe.

Por supuesto, Cristo fue acosado por sus enemigos hasta que lo mataron, y por su causa Pablo siguió el mismo destino. Pero Dios obró poderosamente todo el tiempo en medio de la debilidad del apóstol. El talento, el intelecto y la habilidad de Pablo nunca podrían ser la explicación de la influencia de largo alcance de la obra de su vida. Por su propia confesión, él no era nada ni nadie. El mundo entero lo despreció. El apóstol fue débil, padeció, fue despreciado por sus adversarios y abandonado prácticamente por casi todos sus amigos. Pero Dios usó esas mismas debilidades para demostrar el poder y la perfección de la gracia divina.

8

Convencido de la necesidad de valor

Otro aspecto que mantuvo fiel a Pablo fue su determinación de servir con valor a Cristo. En pocas palabras, él no presumió de que el ministerio en el servicio a Cristo sería fácil, por lo que sus expectativas nunca se vieron decepcionadas cuando las pruebas llegaron. Él mostró tenacidad.

Podemos ver en muchas maneras el valor de Pablo. Por ejemplo, en Hechos 27 aparece como un prisionero transportado a Roma para ser sometido a juicio. Vientos adversos sacaron al barco de su rumbo y lo metieron en una tormenta. Finalmente, la nave encalló cerca de la costa de Malta. A lo largo de toda esa terrible experiencia, Pablo mostró una sensación sobrenatural de tranquilidad y un poderoso sentido de liderazgo, y al final todos los hombres en la embarcación salvaron la vida gracias al gran valor de Pablo, aunque como prisionero era sin duda el individuo con más bajo rango en ese barco. Mientras se secaba junto a una hoguera en la orilla, "habiendo recogido Pablo algunas ramas secas, las echó al fuego; y una víbora, huyendo del calor, se le prendió en la mano" (Hch. 28:3). Con calma, el apóstol, "sacudiendo la víbora en el fuego, ningún daño padeció" (v. 5). Esa imagen de Pablo es bellamente simbólica del valor y la determinación que mostró a pesar de todas las dificultades que enumeró en 2 Corintios 11:23-27. Veamos una vez más esa lista:

> Trabajos... cárceles... azotes... peligros de muerte muchas veces. De los judíos cinco veces he recibido cuarenta azotes menos uno. Tres veces he sido azotado con varas; una vez apedreado; tres veces he padecido naufragio; una noche y un día he estado como náufrago en alta mar; en caminos muchas veces; en peligros de ríos, peligros de ladrones, peligros de los de mi nación, peligros de los gentiles, peligros en la ciudad, peligros en el desierto, peligros en el mar, peligros entre falsos hermanos; en trabajo y fatiga, en muchos desvelos, en hambre y sed, en muchos ayunos, en frío y en desnudez.

Las Escrituras describen solo uno de los tres naufragios, lo cual significa con toda probabilidad que las numerosas pruebas relatadas en el libro de Hechos son solo un pequeño ejemplo de las implacables dificultades que Pablo soportó en forma valiente.

Cabe señalar especialmente el tiempo en que Pablo fue apedreado. Lucas lo menciona casi de pasada en Hechos 14. El apóstol ministraba en Listra, y algunos militantes judíos lo persiguieron allí desde Iconio y Antioquía. Habían conspirado en un complot para matar a Pablo porque, en Iconio, él y su equipo misionero "entraron juntos en la sinagoga de los judíos, y hablaron de tal manera que creyó una gran multitud de judíos, y asimismo de griegos" (Hch. 14:1). Los atormentadores del apóstol lo alcanzaron en la cercana Listra, "persuadieron a la multitud, y habiendo apedreado a Pablo, le arrastraron fuera de la ciudad, pensando que estaba muerto" (v. 19). El siguiente versículo relata: "Pero rodeándole los discípulos, se levantó y entró en la ciudad". Observamos que Pablo regresó directamente a Listra, recogió sus pertenencias, viajó a la siguiente ciudad y comenzó a predicar otra vez. Eso no es todo. El *siguiente* versículo informa que "después de anunciar el evangelio a aquella ciudad y de hacer muchos discípulos, volvieron a Listra, a Iconio y a Antioquía" (v. 21). En otras palabras, regresaron no solo a la ciudad donde apedrearon al apóstol, sino también a las dos localidades donde vivía la pandilla de aspirantes a asesinos.

Al regresar a Jerusalén después de su último viaje misionero, Pablo se detuvo en el camino en Cesarea. Allí, el profeta Agabo vino y profetizó que Pablo sería atado y entregado a las autoridades gentiles. ¿Qué respondió el apóstol? "Estoy dispuesto no sólo a ser atado, mas aun a morir en Jerusalén por el nombre del Señor Jesús" (Hch. 21:13). Su deseo era comparecer ante el tribunal del César y declarar el evangelio al emperador Nerón, el gobernante más poderoso del mundo, quien también era sin duda uno de los sujetos más perversos que jamás han existido. Pablo sabía que el emperador despreciaba a los cristianos y los mataba en forma rutinaria; era totalmente consciente de que una audiencia con Nerón probablemente le costaría la vida y, en última instancia, así fue. En la víspera de su martirio, escribió: "Ya estoy para ser sacrificado, y el tiempo de mi partida está cercano. He peleado la buena batalla, he acabado la carrera, he guardado la fe. Por lo demás, me está guardada la corona de justicia, la cual me dará el Señor, juez justo, en aquel día" (2 Ti. 4:6-8).

Años antes, sabiendo muy bien lo que finalmente su devoción a Cristo podría costarle, escribió 2 Corintios 4:13, declarando que tenía "el mismo espíritu de fe, conforme a lo que está escrito". En otras palabras, su confianza estaba arraigada en las Escrituras. Ya que en este contexto resaltaba la tensión entre la vida y la muerte, se remontó a la oración del Salmo 116:8-10, donde el salmista manifiesta:

Pues tú has librado mi alma de la muerte,
Mis ojos de lágrimas,
Y mis pies de resbalar.
Andaré delante de Jehová
En la tierra de los vivientes.
Creí; por tanto hablé,
Estando afligido en gran manera.

Pablo toma una frase del versículo 10 de ese salmo como aparece en la Septuaginta (traducción griega del Antiguo Testamento), y repite la declaración de fe del salmista: "Creí, por lo cual hablé" (2 Co. 4:13).

Me encanta esta simplicidad y franqueza. Hablamos lo que creemos. Pablo dice: "Mis convicciones me dan valor. Si creo de veras algo, lo digo. No lo modifico".

A veces me preguntan si pienso mucho en cómo las personas podrían reaccionar a mi predicación, especialmente cuando estoy tratando con un tema que quizás no esté en sintonía con la opinión popular o que no sea políticamente correcto. La respuesta es "no". Estoy llamado a ser embajador, no árbitro ni intermediario. Tengo la tarea de entregar un mensaje, no de promover un acuerdo entre la opinión humana y la revelación divina. Tengo el encargo de declarar la Palabra de Dios. Debo pensar como predicador, no como diplomático. Cuando predico, solo puedo pensar en algo: *¿Es verdad esto?* Creo, por lo cual hablo.

Es la esencia misma de la fe declarar: "Creo, por lo cual hablo". Si creo de veras algo, debo decirlo, sin importar si esto trae persecución. El silencio o la transigencia pueden significar una medida de comodidad, aceptación o incluso popularidad. Pero a esto le falta integridad y huele a cobardía e infidelidad. Al igual que Pablo, los reformadores y todos los ministros fieles que hemos sido usados por Dios estamos obligados a declarar lo que creemos, sin importar el costo. Debemos tener esa clase de valor.

¿No tienes miedo de morir, Pablo?

No.

¿Por qué?

Pablo explica por qué en el versículo 14: "Sabiendo que el que resucitó al Señor Jesús, a nosotros también nos resucitará con Jesús, y nos presentará juntamente con vosotros". Si nos matan, resucitaremos. La muerte ha perdido su aguijón.

Además, Pablo expresa: "Porque todas estas cosas padecemos por amor a vosotros, para que abundando la gracia por medio de muchos, la acción de gracias sobreabunde para gloria de Dios. Por tanto, no desmayamos" (vv. 15-16). *No nos rendimos, pase lo que pase, confiando en que más personas se convertirán a Cristo. Se agregarán al eterno coro de aleluya, agradeciendo por siempre la gloria de Dios.*

9

Convencido de que la gloria futura es mejor que todo lo que este mundo pueda ofrecer

Aunque Pablo pasó varios capítulos en 2 Corintios defendiendo su llamado y explicando su ministerio, su enfoque central y su interés singular de principio a fin fue la gloria del Señor. No se defendía por su propio bien. Preocuparse por su reputación personal no habría sido suficiente motivo para que escribiera esto. Detestaba defenderse, porque no le gustaba nada que pareciera jactancia (2 Co. 10:12-13; 11:16-21; 12:9). Pero tenía que responder a sus acusadores por causa del evangelio y para la honra y gloria del Señor.

Él fue insistente en esto: "No nos predicamos a nosotros mismos, sino a Jesucristo como Señor" (2 Co. 4:5). En un capítulo posterior de esta misma epístola, Pablo cita del profeta Jeremías: "El que se gloría, gloríese en el Señor; porque no es aprobado el que se alaba a sí mismo, sino aquel a quien Dios alaba" (10:17-18). Toda la gloria pertenece legítimamente al Señor. "Sólo su nombre es enaltecido. Su gloria es sobre tierra y cielos" (Sal. 148:13). Nadie comprendió ese principio mejor que el apóstol Pablo. Esta fue una verdad que reiteró vez tras vez: "Si, pues, coméis o bebéis, o hacéis otra cosa, hacedlo todo para la gloria de Dios" (1 Co. 10:31).

Y la promesa de la gloria eterna significó más para Pablo que cualquier comodidad terrenal. Fue esa esperanza la que lo ancló a través de todas las dificultades de la vida, y eso es evidente en este pasaje. La gloria fue el tema al final de 2 Corintios 3, y lo retoma al final del capítulo 4. Pablo sabía que la gloria de la eternidad compensaría con creces todas las tribulaciones que enfrentaría en su ministerio terrenal: "Tengo por cierto que las aflicciones del tiempo presente no son comparables con la gloria venidera que en nosotros ha de manifestarse" (Ro. 8:18). El apóstol concluye 2 Corintios 4 con esa misma idea:

> Aunque este nuestro hombre exterior se va desgastando, el interior no obstante se renueva de día en día. Porque esta leve tribulación momentánea produce en nosotros un cada vez más excelente y eterno peso de gloria; no mirando nosotros las cosas que se ven, sino las que no se ven; pues las cosas que se ven son temporales, pero las que no se ven son eternas (vv. 16-18).

Pablo acepta el poder perfeccionador del sufrimiento ante la asombrosa y totalmente gloriosa realidad de la verdad del evangelio del nuevo pacto, del ministerio del nuevo pacto, de una misericordia que florece en la vida de un predicador indigno bajo el poder soberano de Dios en la predicación fiel de la Palabra… e incluso de la realidad de resultar golpeado y magullado en plena batalla. Él es fiel a sus convicciones. Enfrenta la vida o la muerte con la segura confianza de la resurrección. Y lo hace todo porque busca un peso eterno de gloria.

Como vimos en la introducción, nadie puso una medalla en el pecho de Pablo antes de que partiera de esta tierra. Eso de todos modos no habría significado nada para él, ya que buscaba una recompensa que vendría de la mano de su Salvador. Pablo le dijo a Timoteo: "Me está guardada la corona de justicia, la cual me dará el Señor, juez justo, en aquel día" (2 Ti. 4:8). Él esperaba escuchar del Señor: "Bien, buen siervo y fiel", y recibir de su mano un "excelente y eterno peso de gloria" (2 Co. 4:17).

La gloria a la que esa frase se refiere es la gloria de la perfecta semejanza a Cristo. Las Escrituras dicen que Dios incluso ahora está conformando a todos los verdaderos creyentes a la imagen de su Hijo (Ro. 8:29), y revelando así la gloria de Cristo en nosotros. Esta es la misma gloria que Pablo describe en 2 Corintios 3:18: "Nosotros todos, mirando a cara descubierta como en un espejo la gloria del Señor, somos transformados de gloria en gloria en la misma imagen". Eso describe un proceso gradual de transformación mediante el cual participamos de la gloria de Cristo en grados cada vez mayores. La palabra traducida "transformados" en 2 Corintios 3:18 es la misma traducida "transfiguró" en Mateo 17:2, que describe cómo Jesús reveló su gloria en el Monte: "Se transfiguró delante de ellos, y resplandeció su rostro como el sol, y sus vestidos se hicieron blancos como la luz". El vocablo describe un cambio que transforma completamente de adentro hacia afuera el ser de una persona.

En el Monte de la Transfiguración, el rostro de Jesús se volvió resplandeciente, pero no como el de Moisés cuando bajó del Sinaí. El origen del brillo de Jesús estaba en su interior. Era mucho más que un resplandor transitorio que desaparecería con el tiempo. Más bien resultó ser un reflejo de la gloria residente en su ser, la revelación de cómo Él era realmente, y una revelación de la verdadera gloria que le pertenecía, la cual había compartido con el Padre desde el principio (cp. Jn. 17:5).

Nosotros también participaremos de esa gloria. Por supuesto, es la gloria *de Dios*; no nos pertenece ni se origina en nosotros. Pero debido a que Cristo mora en nosotros, y a que estamos conformados a su imagen, su gloria resplandecerá a través de nosotros en toda su perfección. Eso es lo que Pablo quiso decir en Colosenses 1:27, cuando oró para que Dios diera a conocer las riquezas de la gloria de este misterio entre los gentiles, "que es *Cristo en vosotros, la esperanza de gloria*". Es lo que él tenía en mente en Efesios 1:18 cuando habló de "las riquezas de la gloria de su herencia en los santos". Esta debe ser la esperanza preciada de cada creyente verdadero. Después de todo, "tenemos entrada por la fe a esta gracia en la cual estamos firmes, y nos gloriamos en la esperanza de la gloria de Dios" (Ro. 5:2).

La transformación de gloria en gloria puede parecer lenta, y en ocasiones podemos preguntar si se ha estancado, pero el proceso de nuestra santificación terminará en forma total e instantánea cuando por fin nos encontremos cara a cara con nuestro Salvador. "Ahora somos hijos de Dios, y aún no se ha manifestado lo que hemos de ser; pero sabemos que cuando él se manifieste, seremos semejantes a él, porque le veremos tal como él es" (1 Jn. 3:2). Esa finalización instantánea de la obra de Dios en nosotros se llama "glorificación" precisamente porque nos llevará eternamente a la luz plena del resplandor glorioso de Dios.

Esa es la promesa de gloria a la que Pablo se refiere al final de 2 Corintios 3 y de nuevo al final del capítulo 4. Y esa esperanza es lo que lo mantuvo presionando hacia "la meta, al premio del supremo llamamiento de Dios en Cristo Jesús" (Fil. 3:14). El "premio" final es Cristo mismo, incluida una participación en las riquezas de su gloria.

Por tanto, no desmayamos; no desertaremos; no nos rendiremos ante el mal si vivimos de acuerdo con estas convicciones. Un día entraremos en la gloria, habiendo sido fieles hasta el fin, y escucharemos al Señor decir: "Bien, buen siervo y fiel... entra en el gozo de tu Señor" (Mt. 25:21).

Índice general

TEOLOGÍA SISTEMÁTICA

UN ESTUDIO PROFUNDO
DE LA DOCTRINA BÍBLICA

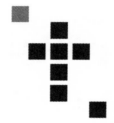

JOHN MACARTHUR
RICHARD MAYHUE

Aclamado como uno de los expositores más talentosos de hoy, MacArthur presenta una visión sistemática de las principales creencias cristianas. Profundiza tu comprensión de las doctrinas relacionadas con la Palabra de Dios, cada persona de la Trinidad, la humanidad y el pecado, la salvación, los ángeles, la iglesia y el futuro del mundo.

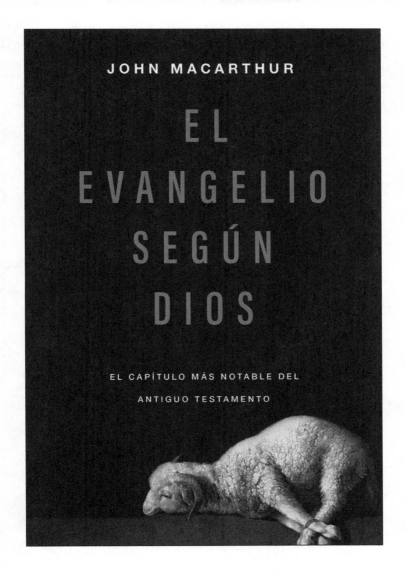

JOHN MACARTHUR

EL EVANGELIO SEGÚN DIOS

EL CAPÍTULO MÁS NOTABLE DEL

ANTIGUO TESTAMENTO

Es fácil volverse complaciente con el significado del evangelio, especialmente después de años de caminar con el Señor. La palabra misma puede volverse un lugar común, solo otro término en el glosario cristiano. Sin embargo, el evangelio no es algo común o rutinario. Sus maravillas, alegrías e implicaciones son infinitas. Cuanto más tiempo y más profundo lo miras, más resplandece la gloria.

En el libro *El evangelio según Dios*, John MacArthur nos muestra por qué Isaías 53 es llamado acertadamente el primer evangelio. Veremos el evangelio detallado en las propias palabras de Dios al revelar a su Mesías, su amor por Israel y sus promesas para nosotros.

E D I T O R I A L
PORTAVOZ

NUESTRA VISIÓN

Maximizar el efecto de recursos cristianos de calidad que transforman vidas.

NUESTRA MISIÓN

Desarrollar y distribuir productos de calidad —con integridad y excelencia—, desde una perspectiva bíblica y confiable, que animen a las personas a conocer y servir a Jesucristo.

NUESTROS VALORES

Nuestros valores se encuentran fundamentados en la Biblia, fuente de toda verdad para hoy y para siempre. Nosotros ponemos en práctica estas verdades bíblicas como fundamento para las decisiones, normas y productos de nuestra compañía.

Valoramos la excelencia y la calidad.
Valoramos la integridad y la confianza.
Valoramos el mérito y la dignidad de los individuos y las relaciones.
Valoramos el servicio.
Valoramos la administración de los recursos.

Para más información acerca de nuestra editorial y los productos que publicamos visite nuestra página en la red: www.portavoz.com.